L'aventure de Shaka au Burundi
Inkuru ya Shaka mu Burundi

écrit par Lionel Kubwimana
Illustré par Didier Mekontso

Ndakunda Ikirundi

Loi n° 49-956 du 16 juillet 1949 sur les publications destinées à la jeunesse.
Dépôt légal : Avril 2022
ISBN 978-2-492960-1-78
Imprimé à la demande par Amazon

Ndakunda Ikirundi

L'aventure de Shaka au Burundi
Inkuru ya Shaka mu Burundi

écrit par Lionel Kubwimana
Illustré par Didier Mekontso

Ndakunda Ikirundi

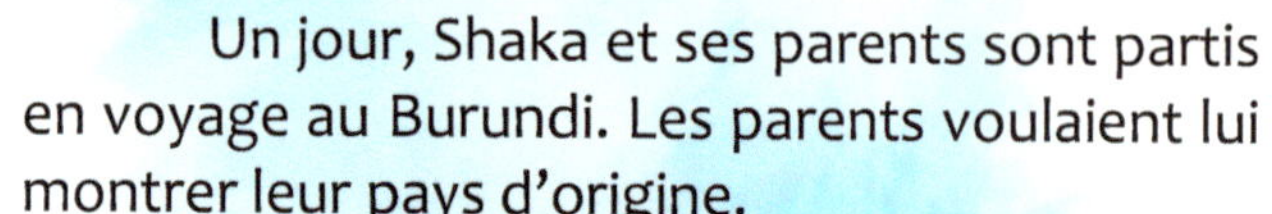

Un jour, Shaka et ses parents sont partis en voyage au Burundi. Les parents voulaient lui montrer leur pays d'origine.

Umunsi umwe, Shaka n'abavyeyi biwe bafashe urugendo bagana igihugu c'Uburundi. Abavyeyi biwe bari bagiye kumwereka igihugu cabo c'amavukiro.

Après être descendus de l'avion, un employé de l'aéroport leur dit : «Bienvenue au Burundi». Puis, il demanda à Shaka : «C'est ta première fois au Burundi ?». Shaka accepta.

Bururutse indege, umukozi wo ku kibuga c'indege ababwira ati : "Kaze mu Burundi". Araheza yegera Shaka amubaza ati : "Ni irya mbere uje mu Burundi ?". Shaka nawe ati : "Ego."

À la sortie de l'aéroport, son oncle Muheto courut vers eux pour les saluer.

Basohotse ikibuga c'indege, Se wabo Muheto aza ariruka kubasanganira.

Shaka était très excité de voir l'endroit où ils allaient loger. Il a alors commencé à soulever les bagages. «SHAKA... ne te fais pas mal, je vais les soulever», lui dit Muheto.

Shaka yari afise igishika cinshi co kubona aho bagiye gushikira. Niko kubafasha guterura imizigo. Muheto ati : "SHAKA ... Reka, reka ntibikuvune, ndabiterura jewe."

«Bienvenue chez moi», dit Muheto. «On va loger ici ?» demande Shaka à sa mère, surpris. «Oui, c'est ici que vit ton cousin Muco», répond sa mère.

Muheto ati : "Kaze murisanze muhira i wanje". Shaka nawe, atangaye, abaza nyina ati : "Ni aha nyene tuzoguma ?" Nyina nawe asubizayo ati : "Ego. Erega ni kwaba Muco, muvyarawe."

«Mais, qu'est-ce que je vais dire à mon ami William quand je serai de retour ? Je lui ai dit que nous dormirions dans un hôtel de luxe.» dit Shaka. «Cet endroit est aussi très bien. Muco et toi avez le même âge, tu ne te sentiras pas seul», répond sa maman.

Shaka ati : "None, umugenzi wanje William, ninasubira inyuma nzomubwira iki ? Ko nari namubwiye ko tuzoshikira mw'i hoteri isayangana ?" Nyina aramuhumuriza ati : "Erega no ngaha ni heza. Kandi Muco murangana, ntuzogira irungu."

Arrivés dans la maison, Muco vit que Shaka n'était pas heureux.

Bashitse mu nzu, Muco abona Shaka asa n'uwushavuye.

Alors, il lui prit la main et lui montra sa chambre. «Pourquoi es-tu si contrarié ?» Shaka lui expliqua qu'il avait dit à ses amis qu'il allait séjourné dans un hôtel chic. «Maintenant, je me sens exclu car ils vont tous se moquer de moi puisqu'ils sont tous allés dans des endroits très cool», ajouta-t-il.

Araheza amufata ukuboko aja kumwereka icumba cabo. Yongera amubaza ati : "Ni igiki kigushavuje ?" Shaka amusigurira ko yabwiye abagenzi biwe yuko azoshikira mw'i hoteri idasanzwe. Yongerako ati : "Ubu rero, bazontwenga kuko bobo bagiye mu bibanza vyiza cane."

«Oooh !! Ne t'en fais pas. Nous avons beaucoup de beautés au Burundi». répondit Muco. «Vraiment ?» répondit Shaka. «Je vais te laisser les voir par toi-même. Par exemple, sais-tu tous les animaux que nous avons dans le Parc National de la Ruvubu ?» Muco le réconforta. «C'est là qu'il faut aller», dit Shaka.

Muco ati : "Ohoooo !!! Ntugire ikibazo. Hari ivyiza vyinshi mu Burundi." Shaka atangaye nawe ati : "Nivyo?", Muco aramuhumuriza ati: "Cane gose, nawe uzoba uvyibonera. Nk'ubu urazi ibikoko dufise mw'ishamba rya Ruvubu?". Shaka avuga ati : "Aho niho hokuja rero."

Le lendemain, Muco convainquit toute la famille d'aller au Parc National de Ruvubu. Muheto accepta de les y conduire.

Bukeye, Muco aragondoza umuryango wose ko boja mw'ishamba rya Ruvubu. Muheto aca aremera kubatwarayo n'imodoka.

Après quelques heures, Muheto leur dit : «Nous y sommes». «Déjà ?» demanda Shaka, surpris. Il n'avait pas vu le temps passer car il appréciait beaucoup le paysage pendant le voyage en voiture.

Haheze amasaha make, Muheto ati: "Aha rero turashitse." Atangaye cane, Shaka abaza ati : "Aka kanya ?" Ntiyigeze abona uko umwanya wagiye. Yari yahimbawe cane n'imisozi yagiye arabona mu nzira baciyemwo.

Shaka était étonné de voir que le parc était très grand, avec des arbres immenses et beaucoup d'animaux.

Shaka yaratamariwe n'ingene iryo shamba ari rinini, ririmwo ibiti birebire n'ibikoko vyinshi.

Il a vu tellement d'animaux qu'il n'avait jamais vus auparavant.

Yahaboneye n'ibikoko bitari bike atari bwabone.

Alors qu'ils étaient encore dans le parc, leur voiture de safari s'est embourbée.

Yamara bakiri muri iryo shamba, imodoka yabo irashaya mu vyondo.

«Oh non, qu'allons-nous faire?» demanda la mère de Shaka. «Nous devons tous sortir et pousser la voiture hors de la boue», dit Muheto.

Nyina wa Shaka arwa igihumura, ati : "Ryooo, mbega tubigenza gute ?" Muheto ati: "Ni ukuva mu modoka, tukayisunika."

Alors Muco, Shaka et ses parents sortirent et poussèrent la voiture. «Un, deux, trois, poussez !» ont-ils scandé.

Muco, Shaka n'abavyeyi baca bajako barasunika. Bati : "Rimwe, kabiri, gatatu, sunika !"

YEAH
HOURRA

La voiture sortit de la boue et ils applaudirent.

Imodoka ica irava mu vyonda hama baranezerwa.

RROOOARK

À ce moment-là, ils virent un très gros hippopotame venir vers eux en faisant beaucoup de bruit.

Buno nyene, baca babona imvubu iza ibagana, itera urwamo.

Ils étaient si effrayés et coururent.

Bagira ubwoba bwinshi cane, baca bariruka.

AAAAHHHHHHG!

RROOOOARK

Ils sont entrés dans la voiture à toute vitesse.

Binjira mu modoka bihuta.

Après être entré, la voiture est repartie. «L'hippopotame nous a manqué de si peu», a dit Shaka. «C'est mieux qu'un endroit chic !» Muco a dit et tout le monde a ri.

Bugingo bose buriye, imodoka ica iragenda. Shaka aca ariruhutsa ati : "Turahatswe, yemwe !" Muco aramutwenza ati : "Bisumba kuja muri vya bibanza bizimvye." Bose baca batwengera rimwe.

Maintenant il est temps pour toi de t'amuser en coloriant cette image des aventures de Shaka au Burundi !

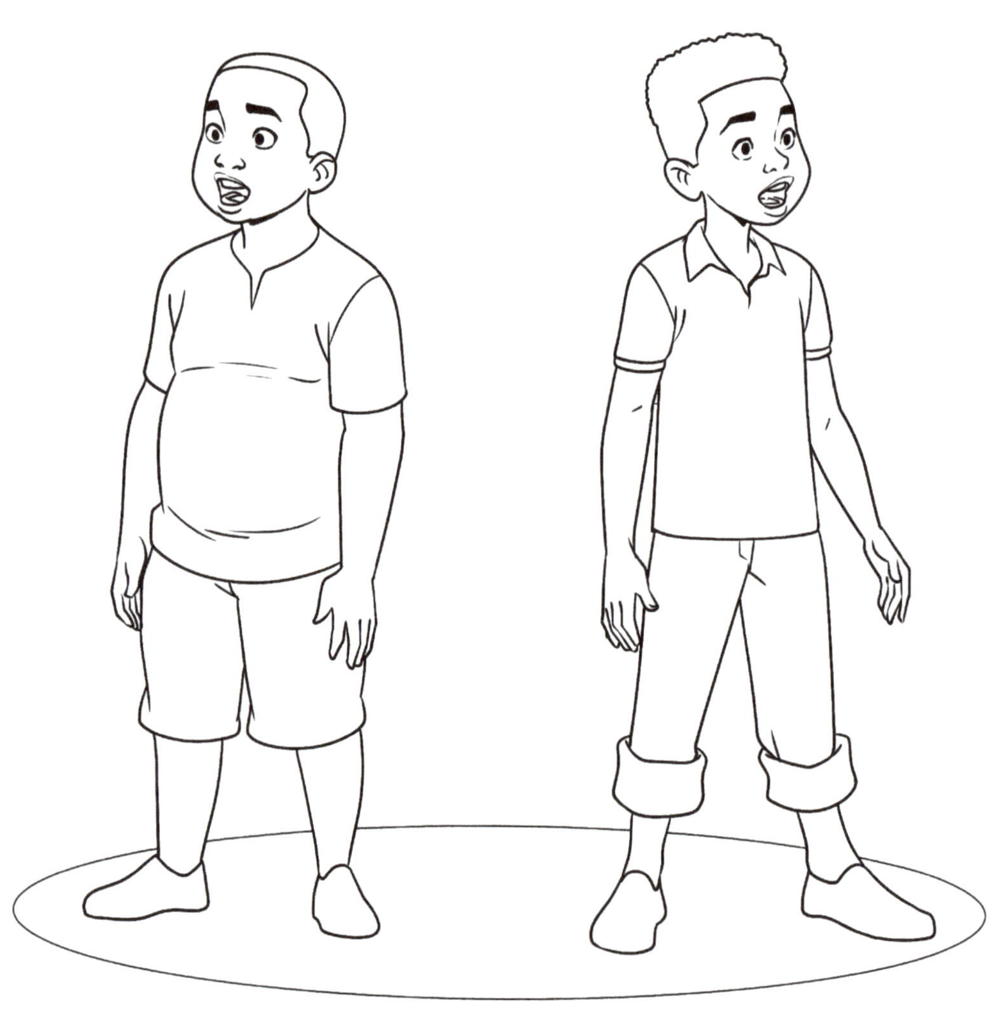

Accédez à l'enregistrement audio de l'histoire en scannant ce code QR.

Découvrez dans la même collection:

Gatore et ses parents visitent le Burundi - Gatore n'abavyeyi biwe bagiye gutembera i Burundi

Imprimé à la demande par Amazon

www.ingramcontent.com/pod-product-compliance
Ingram Content Group UK Ltd.
Pitfield, Milton Keynes, MK11 3LW, UK
UKHW060113300726
14090UKWH00002B/161

* 9 7 8 2 4 9 2 9 6 0 1 7 8 *